Les perles phosphorescentes

- une grande perle rose phosphorescente
- des perles roses phosphorescentes

Pour activer les perles phosphorescentes de ton coffret, place-les quelques minutes à la lumière, près d'une lampe.
Mets ensuite ton bijou dans un endroit sombre... Tes perles s'illuminent comme par magie !

Matériel

En plus des éléments compris dans le coffret, tu auras besoin :

- d'une paire de ciseaux

- de deux pinces à bijoux (plate, ronde ou multi-usage)

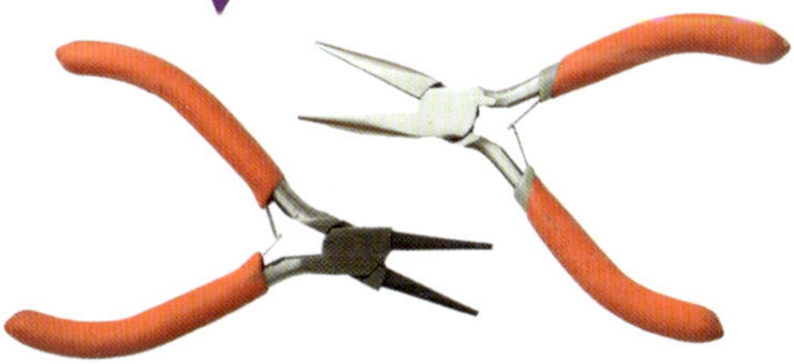

Tu peux aussi demander à tes parents de sécuriser les nœuds et les attaches des bracelets avec une pointe de colle forte et de brûler légèrement le bout des fils pour éviter qu'ils ne s'effilochent.

Techniques

Comment utiliser les anneaux de liaison ?

Pour poser les breloques, tu devras utiliser des anneaux de liaison.

Étape 1

Pour les ouvrir, tiens l'anneau brisé face à toi avec des pinces. Fais pivoter une des deux pinces vers toi pour décaler un des côtés de l'anneau et l'ouvrir.

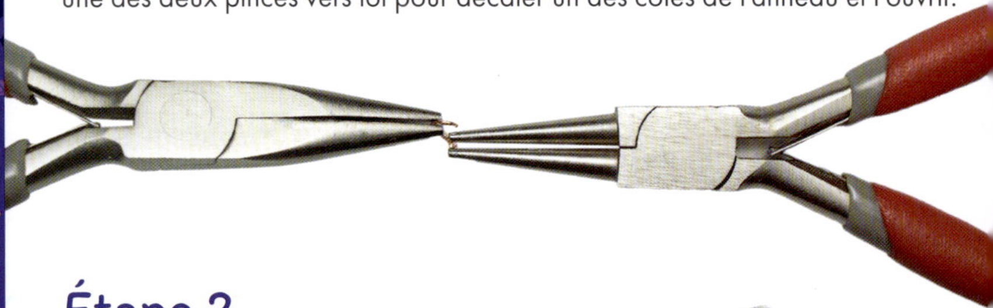

Étape 2

Passe la breloque dans l'anneau.

Étape 3

Ferme l'anneau de liaison en faisant pivoter une des pinces pour réaligner les deux côtés.

Comment réaliser un fermoir à nœuds coulissants ?

Le fermoir à nœuds coulissants est très pratique : il te permet d'enfiler facilement tes bracelets et colliers en ajustant la taille de ton bijou grâce à deux nœuds qui glissent sur le fil.

Étape 1

Superpose les deux fils A et B l'un au-dessus de l'autre.

Étape 2

Enroule le fil A autour du fil B
et réalise un nœud simple.
Serre le nœud sans trop écraser le fil.

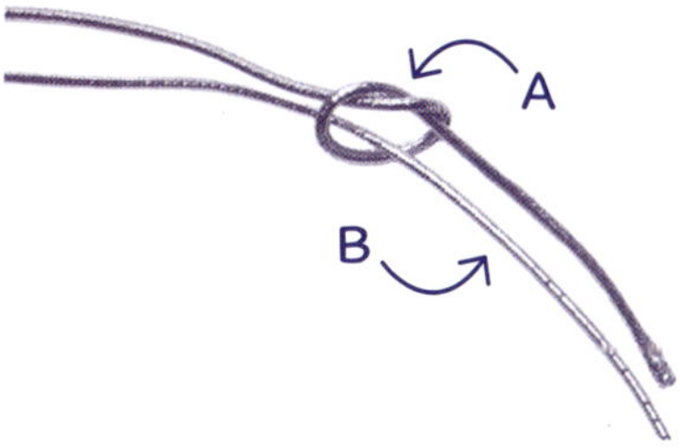

Étape 3

Fais de même avec le fil B sur le fil A et coupe les petits fils qui dépassent.

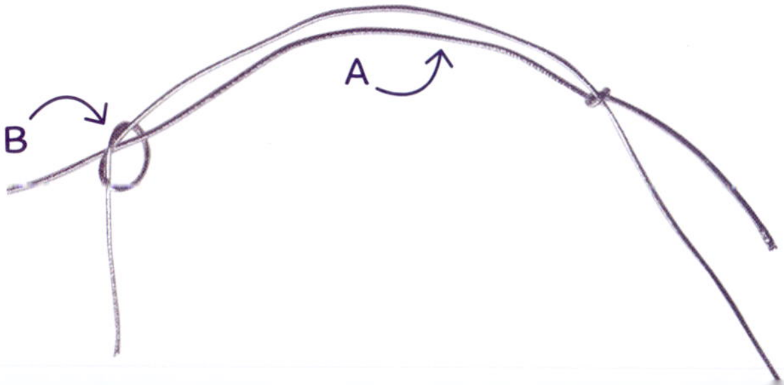

Le ras-de-cou lune

Étape 1

Coupe 80 cm de fil de jade violet et enfile la breloque lune violette préalablement fixée à un anneau de liaison (voir la technique en p. 4).

Étape 2

Enfile ensuite une perle rose phosphorescente, une perle dorée, une perle violette, une breloque étoile fixée à un anneau de liaison (voir p. 4) et enfin une perle dorée.

Étape 3

Réalise le même enchaînement en symétrie de l'autre côté de la breloque lune.

Étape 4

Pour fermer ton ras-de-cou, réalise un premier nœud coulissant avec l'une des extrémités du fil, puis un deuxième nœud coulissant avec l'autre extrémité (voir p. 5).

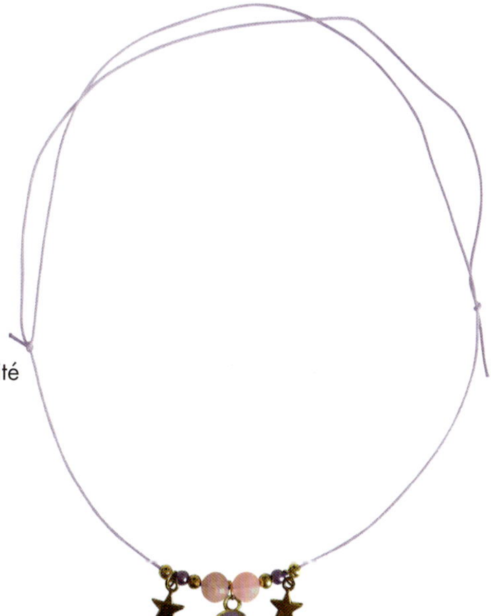

Le bracelet planète

Étape 1

Coupe 30 cm de fil élastique.

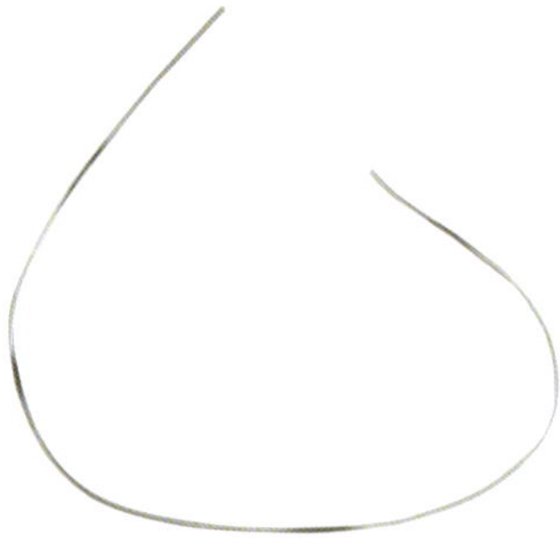

Étape 2

Enfile la breloque planète.

Étape 3

Glisse ensuite une perle transparente pailletée, puis une perle rose phosphorescente.

Étape 4

Continue en reproduisant le même motif jusqu'à atteindre la taille de ton poignet. Termine par une perle rose phosphorescente.

Étape 5

Pour fermer ton bracelet, réalise un double nœud bien serré, puis coupe les extrémités des fils.

Le bracelet étoile

Étape 1

Coupe 30 cm de fil élastique.

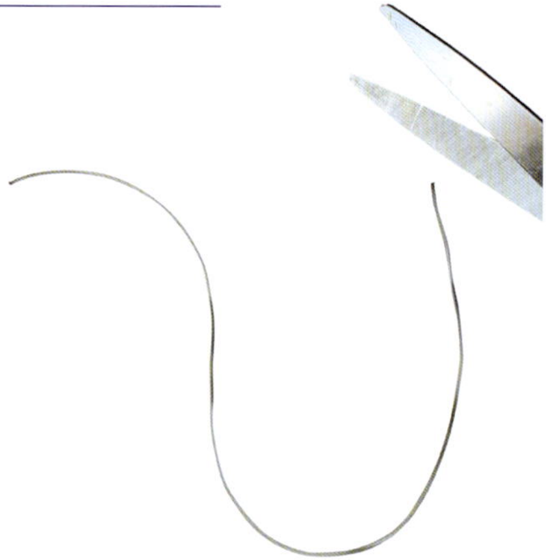

Étape 2

Enfile une breloque étoile préalablement fixée à un anneau de liaison (voir p. 4).

Étape 3

Glisse ensuite une perle violette et une perle rose phosphorescente.

Étape 4

Continue en reproduisant le même motif jusqu'à atteindre la taille de ton poignet.

Étape 5

Pour terminer ton bracelet, réalise un double nœud bien serré, puis coupe les extrémités des fils.

La bague

Étape 1

Coupe 15 cm de fil élastique.

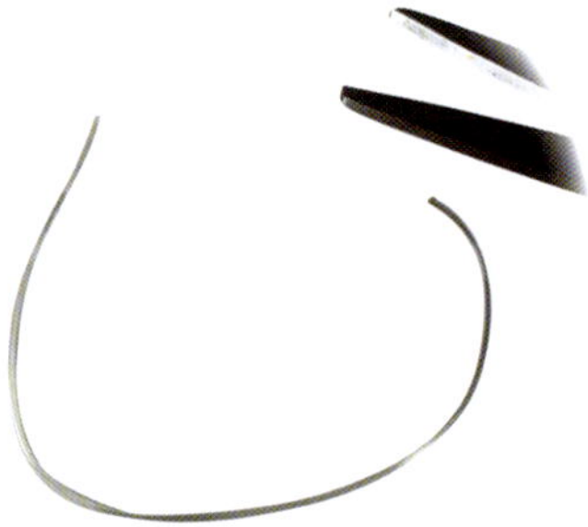

Étape 2

Glisse 5 perles violettes.

Étape 3

Enfile ensuite une perle dorée, une perle rose phosphorescente et de nouveau une perle dorée.

Étape 4

Termine le motif de ta bague en enfilant 4 ou 5 perles violettes en fonction de la taille de ton doigt.

Étape 5

Fais un double nœud bien serré, puis coupe les fils qui dépassent.

Astuce : Positionne le fil au niveau de l'articulation du milieu de ton doigt afin de repérer la taille nécessaire à ta bague. Demande ensuite à tes parents de mettre un point de colle forte pour sécuriser ton nœud.

Le sautoir planète

Étape 1

Pour fabriquer ta breloque planète, suis les étapes ci-dessous :

- À l'aide d'une pince, fais une petite boucle à l'une des extrémités du fil de fer doré.

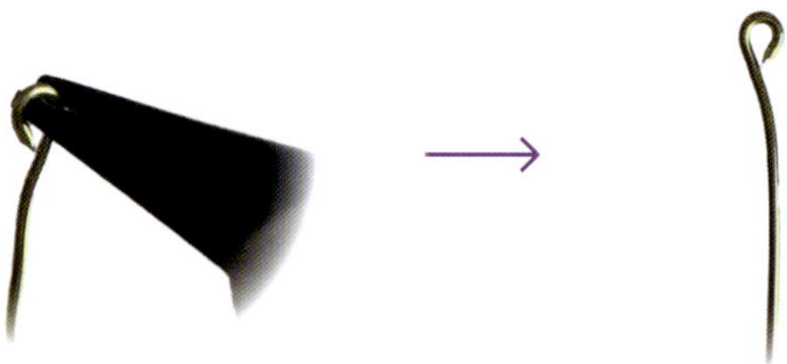

- Enfile ensuite la grosse perle rose sur le fil de fer, puis, toujours à l'aide d'une pince, fais une seconde petite boucle de l'autre côté du fil.

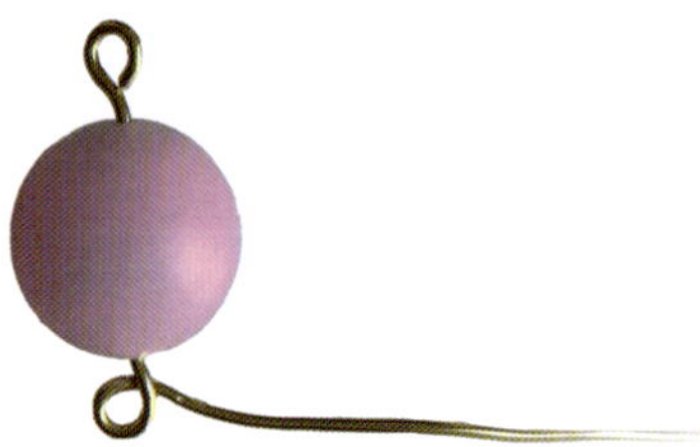

• Fais le tour de la base de la boucle avec le fil, puis enroule-le autour de la perle pour former un anneau autour d'elle.

• En arrivant en haut, fais le tour de la base de la première boucle, puis coupe le fil à l'aide d'une pince. Ta breloque planète est prête !

Étape 2

Fixe la breloque lune à la boucle sous la planète à l'aide d'un anneau de liaison (voir p. 4).

Étape 3

Coupe 75 cm de fil de jade violet et enfile dessus la breloque planète à l'aide d'un anneau de liaison (voir p. 4).

Étape 4

Enfile une perle dorée, puis une violette et à nouveau une dorée. Fais de même de l'autre côté de la breloque.

Réalise ensuite un double nœud avec les extrémités du fil pour fermer ton collier.

Astuce : Avant de faire le double nœud, vérifie la taille de ton collier en le passant autour de ta tête. Il faut que tu puisses l'enfiler et le retirer facilement !